Jörg Buchna

Engelchor
und
Krippenstall

Ostfriesland Verlag – SKN

Zum Autor

Jörg Buchna war Gemeindepastor in Jesteburg bei Hamburg und Wennigsen bei Hannover, bevor er bis zu seinem Eintritt in den Ruhestand Pressesprecher der hannoverschen Landeskirche im evangelisch-lutherischen Sprengel Ostfriesland-Ems wurde.

Ostfriesland Verlag – SKN

Engelchor und Krippenstall
Jörg Buchna
Leipziger Straße 46 · 26506 Norden
Telefon (0 49 31) 53 15 · Fax (0 49 31) 1 66 81
E-mail: joerg.buchna@yahoo.de
Fotos: Martin Stromann; außer: akgimages (Titel, Gemälde „Die Geburt Christi“ von Giotto)

1. Auflage 2018
ISBN 978-3-944841-49-6

Bibliografische Information der Deutschen Nationalbibliothek: Die Deutsche Nationalbibliothek verzeichnet diese Publikation in der Deutschen Nationalbibliografie; detaillierte bibliografische Daten sind im Internet über http://dnb.d-nb.de abrufbar.

Verlagsanschrift:
Stellmacherstraße 14 · 26506 Norden
Internet: www.skn.info
E-Mail: buchshop@skn.info

Lektorat: Annette Freese
Umschlaggestaltung / Layout: Wiebke Rocker
Konzept / Produktion: Jörg Buchna
Bildbearbeitung: Karsten Patzelt
Grundschrift: The Sans

Druck und Gesamtherstellung:
SKN Druck und Verlag GmbH & Co. KG /
Printed in Germany
Fotos: Ostfriesland Bild –
SKN Druck und Verlag GmbH & Co. KG

Inhalt

Die Engel der Weihnacht

Zum Erzengel Michael sollte er kommen. Und das schnell. So machte er sich flugs auf. Man tat nicht gut daran, einen Erzengel warten zu lassen. Erst recht dann nicht, wenn man, wie er, in der Hierarchie der Engel ziemlich weit unten angesiedelt war. Gewiss, er hatte es im Laufe der Jahrtausende immerhin auch schon zum Schutzengel obersten Grades gebracht, ihm war damit eine ganze Heerschar von Schutzengeln unterstellt. Aber gemessen am Erzengel Michael war er im wahrsten Sinne des Wortes nur eine kleine Leuchte. Engel pflegen nämlich, entsprechend ihrem Rang, den Abglanz der göttlichen Herrlichkeit widerzuspiegeln. Auch für einen Engel wie ihn war deshalb der Anblick eines Erzengels ein ebenso überwältigend schöner wie zugleich auch angsteinflößender Anblick. Und während er jetzt die Himmel durchflog, fragte er sich, weshalb der Erzengel ihn zu sich befohlen haben könnte. Zwar gab es da den einen oder anderen Schutzengel, mit dem er selbst auch nicht so ganz zufrieden war, aber richtige Verfehlungen hatte es da nicht gegeben. Meinte er jedenfalls. Doch der Erzengel Michael war da, wie er bald merken sollte, gänzlich anderer Ansicht.

„Es gibt Eigenmächtigkeiten unter einigen deiner Engel“, so begann der Erzengel, als er vor ihm stand. Vor ihm, das hieß: einen Himmel weit entfernt.

„Von solchen Dingen weiß ich nichts“, begann der Schutzengel sich zu verteidigen.

„Das unterscheidet uns eben“, erwiderte der Erzengel darauf nur kurz.

„Etliche deiner Engel“, so fuhr der Erzengel jetzt fort, „haben ihre Schutzbefohlenen sträflich vernachlässigt. Dir wird jetzt eine Liste mit ihren Namen und ihren Verfehlungen überreicht. Ich erwarte von dir, dass du sie in angemessener Weise zur Verantwortung ziehst.“

Damit war dann auch schon seine Audienz beendet. Ein Engel aus dem Hofstaat des Erzengels überreichte ihm die Liste. Und dann war er auch schon unterwegs zu seinem Himmel. So gut es ihm unterwegs möglich war, versuchte er, die Namen der besagten Engel und die

Art ihrer Verfehlungen zu entziffern. Eindeutig hatten all diese Engel ihre Aufsichtspflicht gegenüber ihren Schutzbefohlenen auf Erden verletzt, sodass diese Menschenkinder allesamt zu Schaden gekommen waren.

Und das ausgerechnet jetzt! Nur wenige Tage waren es nämlich noch, bis in den Himmeln und auf Erden seine Geburt, die Geburt des Herren aller Herren gefeiert werden konnte.

In seinem Himmel angekommen, war es nun an ihm, aus den Reihen seiner Engel all jene zu sich zu zitieren, die ihm vom Erzengel Michael benannt worden waren.

„Dein Schutzbefohlener liegt mit einem Armbruch im Krankenhaus“, hielt er nun dem Ersten dieser Engel vor.

„Wenn es nach mir gegangen wäre, hätte er sich die beiden Beine auch gleich noch gebrochen“, kam die Antwort ebenso rasch wie heftig.

„Deine Aufgabe ist es zu schützen, nicht aber zu strafen“, erwiderte der Schutzengel obersten Grades. Und dabei blickte er nur noch wenig engelsgleich.

„Dieses Menschenkind bricht aber die Gesetze unseres Herrn nicht nur einmal, sondern Tag für Tag“, verteidigte sich jetzt der besagte Schutzengel. Und außerdem, so fuhr er fort, sei dieser Mensch in höchstem Maße undankbar. Da habe er ihm einfach einen Denkzettel verpassen müssen.

Beifälliges Gemurmel war jetzt aus dem Kreis all der Engel zu hören, die sich ebenfalls vor dem Schutzengel obersten Grades zu verantworten hatten. Und ungefragt, was höchst unbotmäßig war, warf einer von ihnen jetzt noch ein: „Sie bessern sich nicht, diese Menschenkinder. Im Gegenteil. Es scheint eher schlimmer mit ihnen zu werden in all den Jahrhunderten nach der Geburt unseres Herrn. Sie zählen zwar ihre Jahre als Jahre des Herrn. Aber sie leben ihre Jahre ohne diesen Herrn.“

Jetzt wurde das beifällige Gemurmel noch lauter. Mit einer energischen Bewegung gebot der Schutzengel obersten Grades ihnen nun Schweigen.

„Was maßt ihr euch an, in das Leben der Menschenkinder einzugreifen, die euch anvertraut sind? Habt ihr vergessen, in wessen Dienst ihr steht? Ihm, der nicht nur siebenmal, sondern siebzigmal siebenmal vergab; ihm, der Heilung schenkte und diese auch nicht zurücknahm, wenn man ihm keinen Dank wusste; ihm, der sein Brot mit denen brach, mit denen sich sonst keiner an einen Tisch setzte; ihm, dessen Liebe zu den Menschenkindern so groß war, dass er den Tod für sie auf sich nahm; ihm, den alle Himmel und der Weltkreis nicht fassen können – ihm allein habt ihr zu dienen."

Je länger er sprach, umso mehr begann, von ihm unbemerkt, sein Angesicht zu leuchten. Ein solcher Glanz ging schließlich von ihm aus, dass die vor ihm versammelten Engel ihr Antlitz bedecken mussten. Doch auch wenn sie jetzt alle die Gegenwart des Herren aller Herren sichtbar spürten, so mochte doch ein rebellischer Engel-Geist immer noch nicht verstummen.

„Soll denn all ihre Gottlosigkeit ungestraft bleiben?", so hob er nun an. „All ihre Schmähungen, all ihre ruchlosen Taten, mit denen sie seinen heiligen Namen lästern ...!"

„Nicht an uns ist es, über die Menschenkinder zu richten", wurde er da von dem Schutzengel obersten Grades unterbrochen. „Dies liegt allein in der Hand des Herrn aller Herren."

Und wieder begann sein Antlitz zu leuchten, als er jetzt fortfuhr: „Ihn, den Sohn des Allerhöchsten, sollt ihr in der Welt der Menschenkinder bezeugen. Seine Liebe, seine Gnade, seine Barmherzigkeit soll durch euch aufleuchten in der Dunkelheit des Hasses, der Gnadenlosigkeit und der Erbarmungslosigkeit. Und ihr, die ihr meintet, an seiner Stelle richten zu müssen, ihr werdet an jenem Tag, da wir seiner Geburt auf Erden gedenken, jenen Menschenkindern zur Seite stehen, die eures Beistandes besonders bedürfen. Auch soll euer Lobgesang diese Menschen froh machen, damit sie teilhaben an jenem Jubel, der die Himmel erfüllt mit seiner Herrlichkeit."

Als der Engel geendet hatte, schwand auch der Glanz wieder von seinem Antlitz. Jene Engel aber, denen sein besonderer Auftrag galt, verneigten sich als Zeichen ihres Gehorsams nun tief vor dem Schutzengel obersten Grades. Und so stehen diese in der Nacht, die uns heilig geworden ist, all jenen Menschen bei, die in besonderer Weise des Schutzes bedürftig sind, damit sie vor einem nahenden Unheil bewahrt bleiben. Und bisweilen klingt uns auch heute noch aus dem Mund der Bewahrten der Lobpreis der Engel entgegen.

Das Weihnachts-Geheimnis

Wie lieb hatte er dieses kleine Wäldchen immer gehabt, das auf halbem Wege zwischen dem Ausgang seines Dorfes und dem nächsten Ort lag. Ungezählte Male hatte er dort mit seinen besten Freunden als „Räuber" oder „Ritter" oder auch als „Indianer" verbracht. Nicht anders als einen Ort unbeschwerten Spiels, heiterer Ausgelassenheit und Geborgenheit hatte er „seinen Wald" bisher erlebt.

Ja, bisher war das so gewesen. Aber jetzt sah alles ganz anders aus. Ein rauer Winter mit viel Schnee und großer Kälte hatte zu Beginn der Adventszeit Einzug gehalten. Die Wege waren an manchen Stellen nur noch schwer passierbar, weil sich dort Schneewehen zum Teil meterhoch aufgetürmt hatten. Und so hätte wohl fast jeder gesagt, dass das, was man da nun von ihm verlangte, für ein siebenjähriges Kind doch einfach zu viel verlangt sei. Gewiss, von ihm würde keiner im Dorf gesagt haben, dass er ein Angsthase sei. Aber ganz allein in der Dunkelheit bei Eis und Schnee durch den Wald zu gehen – da hätte es doch selbst manch einer von den Großen mit der Angst zu tun bekommen.

„Die Oma braucht die Medizin unbedingt noch heute", hatte der Arzt zu seiner Mutter gesagt. In der „Stern"-Apotheke im benachbarten Dorf gab es diese für die Oma so wichtige, lebenswichtige Medizin. Unter normalen Umständen hätte ja auch ein anderer als er zur Apotheke gehen oder fahren können. Aber jetzt war nichts normal, jetzt war Krieg; jener Krieg, von dem die Erwachsenen als dem „Zweiten Weltkrieg" sprachen. Bis in seinen Wald hatte sich dieser Krieg jetzt sogar vorgefressen. Da hausten Soldaten, von denen man sich die schauerlichsten Geschichten erzählte. Und durch diesen Wald musste er hindurch, wenn er zur „Stern"-Apotheke gelangen wollte.

„Willst du das für die Oma tun?", hatte die Mutter ihn gefragt. Wegen der Soldaten sei es für einen Erwachsenen einfach zu gefährlich, den Weg durchs Wäldchen zu wagen. „Du würdest der Oma damit gewiss ihr schönstes Weihnachts-Geschenk machen", hatte die Mutter noch hinzugefügt. Aber dieses Hinweises hätte es gar nicht bedurft. Er würde doch seine Oma jetzt nicht im Stich lassen – seine geliebte Erzähl-Oma. Wie genoss er die Stunden mit ihr. Da saß er dann an sie gekuschelt auf ihrem Schoß, wenn sie ihm ihre Märchen erzählte. Mochten die Geschichten manchmal auch ein wenig gruselig sein – das Schöne an den Märchen war, dass man sich stets darauf verlassen konnte, dass sie gut ausgingen. Am Ende besiegte der Prinz den bösen Drachen eben doch immer. Und auch aus der Bibel wusste die Oma so schöne und auch spannende Geschichten zu erzählen. So konnte er die Geschichte vom kleinen David, der den großen Goliath besiegte, gar nicht oft genug von ihr hören. Ja, und so wie der kleine David sich so mutig dem Kampf gegen Goliath stellte, so würde er sich jetzt auch für seine geliebte Oma auf den gefährlichen Weg machen. Sanft streichelte sie ihm immer über den Kopf, wenn sie ihm ihre Geschichten erzählte. Und sanft hatte sie ihm auch, bevor er sich nun auf seinen beschwerlichen Weg machte, die Hand auf den Kopf gelegt und gesagt: „Gott behüte dich, mein Junge."

Diese Hand, diese so innig gesprochenen Worte begleiteten ihn jetzt auf seinem Weg, den er bei Anbruch der Dunkelheit angetreten hatte. Er konnte es sich selbst nicht erklären – doch trotz aller Angst, die immer wieder nach seinem Herzen griff, fühlte er doch die ganze Zeit so etwas wie Geborgenheit in sich. Im Nachhinein kam es ihm wie ein Traum vor, wie er durch das Wäldchen zur Apotheke hingelangt und danach wieder nach Hause gekommen war. Gegröle hatte er gehört wie von Betrunkenen. Auch Schüsse hatte er einmal von ferne gehört. Ja, einmal war auch eine große, dunkle Gestalt ganz dicht an ihm vorbeigewankt. Da hatte er sich schon sehr erschrocken. Aber sonst, nein, sonst sei ihm niemand begegnet – so hatte er es der Mutter nach seiner Rückkehr berichtet. Die Medizin, ja, die war ihm vom Stern-Apotheker, den der Arzt verständigt hatte, bereitwillig ausgehändigt worden. Wie einen Schatz hatte er sie nach Hause getragen zu seiner Oma. Und als er sich dann am Heiligen Abend an ihr Bett setzte, legte sie wieder ganz sanft ihre Hand auf seinen Kopf.

„Du hast sicher viel Angst gehabt, mein Engel", hatte sie zu ihm gesagt.

„Ja", hatte er geantwortet, „aber ich spürte auch immer eine Hand über mir."

Und dann hatten sich die beiden angeschaut wie zwei, die ein kostbares Weihnachts-Geheimnis hüten.

Die Weihnachtskrippe

Die Weihnachtskrippe mit ihren fast mannshohen Figuren war weit über die Grenzen der Kirchengemeinde bekannt. Das lag nicht zuletzt daran, dass die handgeschnitzten Figuren von einer großen Kunstfertigkeit zeugten, die ihnen einen eigentümlichen Zauber verlieh.

Natürlich war diese Krippe fester Bestandteil der Gottesdienste in der Weihnachtszeit. Und oft genug war auch eine ihrer Figuren Gegenstand der Predigt zu Heiligabend. Da hatte die Gemeinde dann nicht nur etwas zu hören, sondern vor allem auch etwas zu sehen. Der Aufbau der Krippe wurde Jahr für Jahr von denselben Leuten vorgenommen. Denn dieser Aufbau erforderte viel Sorgfalt. Jede dieser handgefertigten Figuren war durchaus eine kleine Kostbarkeit, mit der deshalb auch entsprechend pfleglich umgegangen wurde.

Ja, aber dann war doch das passiert, was nie hätte passieren dürfen. Niemand wusste anschließend so recht, wie es eigentlich geschehen war. Tatsache war freilich, dass aufgrund dieses Malheurs der Kopf des Jesuskindes nicht nur abgebrochen, sondern auch zersplittert war, sodass eine Reparatur des Kopfes ausgeschlossen war. Da war ein neuer vonnöten. Und das alles nur wenige Tage vor Heiligabend. Da war nun guter Rat teuer. Fest stand nur, dass es eine Weihnacht ohne diese Krippe, ohne diese Krippe mit dem Jesuskind, nicht geben durfte und konnte. Viele Vorschläge wurden da gemacht und ebenso schnell wieder verworfen, weil sie grundsätzlich oder wegen der Kürze der Zeit nicht durchführbar waren. Aber dann hatte der Rossmeier, wie er genannt wurde, doch eine Idee, die er seinem Pastor auch umgehend vortrug. „In unserem Ort wohnt doch auch der Langsen, den kennen Sie doch, Herr Pastor."

Den kannte der Pastor nur zu gut. Mit dem Langsen hatte der Pastor vor Jahren einmal einen mehr als unschönen Streit gehabt. An die Öffentlichkeit war davon nicht viel gedrungen, weil sowohl der Pastor als auch der Langsen sich darüber ausschwiegen. In der Kirche ließ sich Langsen seitdem aber nicht mehr blicken. Und man munkelte im Ort auch, dass er wohl aus der Kirche ausgetreten sei.

„Ja, und wie soll uns der Langsen jetzt helfen?“, fragte der Pastor den Rossmeier.

„Na, der Langsen ist doch Tischler, und auch als Drechslermeister ist er für seine hervorragende Arbeit bekannt“, erwiderte dieser, um dann gleich fortzufahren: „Natürlich sieht das vielleicht ein wenig komisch aus, wenn wir jetzt ausgerechnet den Langsen bitten, uns bei dem Jesuskind zu helfen.“

Komisch sei wohl nicht ganz der richtige Ausdruck dafür, erwiderte der Pastor.

„Aber haben wir denn eine andere Wahl, als ihn zu bitten, uns zu helfen?“, fragte Rossmeier und blickte seinen Pastor dabei geradezu flehentlich an. Er wisse zwar nicht, was damals zwischen dem Pastor und dem Langsen vorgefallen sei. Aber was immer das damals auch gewesen sei, so müsste es doch für den Pastor möglich sein, über seinen eigenen Schatten zu springen – „um Jesu willen, im wahrsten Sinne des Wortes“.

„Rossmeier, Sie haben ja keine Ahnung, was Sie da von mir verlangen“, sagte der Pastor und winkte dabei heftig mit beiden Händen ab.

„Bitte, gehen Sie noch einmal mit sich zurate“, hatte Rossmeier daraufhin den Pastor gebeten.

Und das hatte der Pastor dann auch getan. Freilich hatte er seine Frau dabei mit einbezogen. „Du hast mir ja auch nicht viel über deinen Streit mit Langsen damals erzählt“, hatte seine Frau zu ihm gesagt. „Nur dass er dich als Pastor angegriffen hat.“

„Das kann man wohl sagen“, erwiderte ihr Mann. „Einen Heuchler hat er mich genannt. Ich würde auch zu denen in der Kirche gehören, die den anderen Wasser predigen und selber Wein saufen.“

„Wie kommt der Langsen denn darauf?“

„Keine Ahnung.“

Dann hatte ihn seine Frau in ihren Arm genommen und gesagt: „Für mich bist du kein Heuchler. Aber wenn unser Jesuskind nicht kopflos bleiben soll, dann wirst du wohl zu Langsen gehen müssen.“

Ihr Mann schüttelte den Kopf. Nun aber schon wie einer, der weiß, dass er sich in etwas Unabänderliches fügen muss. Wie hatte Rossmeier zu ihm gesagt – um Jesu willen. Ja, um Jesu willen würde er zu Langsen gehen. Aber nicht nur damit das Jesuskind wieder heil würde, sondern damit auch diese offene Wunde in seinem Leben wieder heilen konnte.

Denn eine offene Wunde war dieser Streit von damals für ihn noch immer. Eigentlich hatte er schon immer einmal mit Langsen reden wollen. Und hatte es dann doch wieder sein lassen. Gewiss hatte er sich nichts vorzuwerfen, was diesen ungeheuerlichen Vorwurf der Heuchelei rechtfertigte. Aber von der Vergebung zu predigen, ohne sie einem anderen zu gewähren – das machte sein Herz wund. Es galt ja nicht nur, vor seiner Gemeinde glaubwürdig zu bleiben, sondern auch vor sich selbst. Und so stand er dann vor Langsens Haus und seiner Werkstatt. Der Zufall fügte es, dass Langsen jetzt gerade aus seiner Werkstatt herauskam und sogleich sozusagen Aug' in Aug' vor ihm stand.

Es gibt keine Zufälle – sagte seine Frau immer. Jeder Zufall ist ein Einfall Gottes. Na, dann war dies aber kein so guter Einfall, dachte der Pastor bei sich. Er hätte sich einen längeren Anlauf für sein Gespräch mit Langsen gewünscht. Aber solch ein Gespräch war dann auch gar nicht mehr nötig geworden. Denn was dann geschah, das würde der Pastor nie mehr vergessen. Langsen hatte ihn eine ganze Weile angesehen. Dabei war weniger Verwunderung in seinem Blick gewesen als vielmehr Erleichterung. Und dann hatte Langsen ein wenig zögerlich, aber doch so, als ob diese Geste unabänderlich sei, seine Hand ausgestreckt. Und beinahe wie von selbst hatte die Hand des Pastors die Hand Langsens gefunden. Es war dann ein stummer Händedruck geblieben. Jedes Wort hätte die Innigkeit und Aufrichtigkeit, die beide bei dieser Geste empfanden, nur mindern können. Auch mit dem Anliegen des Pastors hinsichtlich des Jesuskindes war Langsen offensichtlich bereits vertraut.

„Ich weiß schon Bescheid", hatte Langsen nur gesagt. „Sie können sich darauf verlassen, dass am Heiligabend ein heiles Jesuskind in der Krippe liegt."

Unter den Besuchern der Christvesper war dann auch Langsen, dessen Augen jetzt vor allem „sein Kind" in der Krippe suchten. Und irgendwann während des Gottesdienstes kreuzten sich zufällig ihre Blicke, die des Pastors und die Langsens. Und beide meinten, in den Augen des anderen ein Leuchten zu sehen, das ihre Freude widerspiegelte. Eine Freude, die in den Worten des Engels ihren Ausdruck fand: „Euch ist heute der Heiland geboren."

Josuas Nacht

Mein Name ist Josua. Die Geschichte, die ich euch jetzt erzählen möchte, ereignete sich ungefähr vor einem Jahr. Ja, ich gehörte damals zu den Hirten, die vor den Toren Bethlehems ihre Schafe hüteten. Was da in dieser Nacht geschah, das kann ich, ehrlich gesagt, bis heute nicht richtig begreifen. Das liegt nicht daran, dass ich ein besonders ungläubiger Mensch bin. Auf der anderen Seite kann man auch nicht sagen, dass ich ein besonders gläubiger Mensch bin. Natürlich, als Jude glaubte ich schon daran, dass es den Gott unserer Väter Abraham, Isaak und Jakob gibt. Und ich halte mich auch, so gut es geht, an die zehn Gebote, die uns von Gott über Mose am Berg Sinai gegeben wurden. Ja, und natürlich teilte ich die Hoffnung aller Juden, dass der Messias, der Gesalbte in der Nachfolge des Königs David, kommen und das Reich Gottes hier auf Erden errichten wird. Und das Kommen dieses Messias habe ich mir natürlich so vorgestellt, dass er in großer Pracht und Herrlichkeit kommen wird, aber doch nicht so, wie das in jener Nacht... Aber ich muss das jetzt alles der Reihe nach erzählen, was damals geschah. Ausgerechnet uns geschah, müsste ich sagen. Warum ich „ausgerechnet uns" sage? Na, das ist einfach zu beantworten: Wir Hirten haben nicht den allerbesten Ruf. Das kommt daher, dass man uns unterstellt, dass wir nicht immer treu und zuverlässig sind. Viele von uns hüten ja auch nicht ihre eigenen Herden, sondern die von anderen Leuten. Da ist die Versuchung natürlich groß, es mit der Wahrheit nicht so genau zu nehmen. Manch Hirte erzählt dem Besitzer der Schafe dann etwas von einem Wolf, der ein Schaf gerissen hätte. In Wahrheit aber war da gar kein Wolf, sondern nur ein betrügerischer Hirte, der ein Schaf für sich abgesondert hat – um mich einmal so auszudrücken. Manche lassen ihre Schafe auch oft im Stich, wenn der Herde von Räubern Gefahr droht. Denen ist dann ihr eigenes Leben lieber als das der ihnen anvertrauten Schafe. Wie gesagt, wir Hirten gelten nicht gerade als besonders zuverlässige und gottesfürchtige Menschen. Ja, und genau wir waren sozusagen die Auserwählten, denen als Erste die frohe Botschaft verkündet wurde. Ausgerechnet uns und nicht etwa den Frommen, den Priestern oder den Schriftgelehrten. Das hätte doch viel nähergelegen. Ach, ich kann das alles ja bis heute noch nicht fassen. Es war einfach überwältigend, was sich in jener Nacht, die uns heilig geworden ist, ereignete. Eigentlich hätte ich ja beinahe alles verschlafen wie die anderen auch. Ich war schließlich auch nicht zur Wache eingeteilt wie Ibrahim. Von dessen Rufen, nein, es war eher ein Schreien, in dem sich Schrecken und zugleich Erstaunen widerspiegelten, fuhren wir andere alle aus dem Schlaf auf.

„So seht doch nur, seht doch!", schrie Ibrahim ein ums andere Mal. „Da, da, da oben!", und dabei zeigte er über sich in den Himmel. Was wir da wahrnahmen, kann ich eigentlich gar nicht mit Worten beschreiben. Da war ein solches Leuchten, wie ich es vorher noch nie gesehen hatte. Es war so schön, dass man die Augen nicht davon abwenden wollte. Und doch musste man es tun, weil es einen mit seiner strahlenden Macht einfach überwältigte – und zugleich auch erschrocken machte. Und aus diesem Leuchten hörten wir auf einmal die Worte: „Fürchtet euch nicht! Siehe, ich verkündige euch große Freude, die allem Volke widerfahren wird; denn euch ist heute der Heiland geboren, welcher ist Christus, der Herr, in der Stadt Davids. Und das habt zum Zeichen: Ihr werdet finden das Kind in Windeln gewickelt und in einer Krippe liegen."

Wir waren alle wie erstarrt. Niemand wagte, etwas zu sagen. Und in diese lautlose Stille hinein schwangen sich Töne, die sich dann zu einem überirdisch schönen Gesang formten. „Ehre sei Gott in der Höhe und Frieden auf Erden bei den Menschen seines Wohlgefallens."

Als wir dann nach einer ganzen Weile wie aus einer anderen Welt wieder in unsere Wirklichkeit bei unseren Schafen zurückkehrten, hörte ich einen von uns sagen: „Lasst uns nun gehen nach Bethlehem und die Geschichte sehen, die uns der Herr kundgetan hat." Ja, und wie von einer fremden Hand angetrieben, machten wir uns dann alle eilends auf den Weg nach Bethlehem. Nur einer von uns musste zurückbleiben bei den Herden als Wache. Wir anderen aber waren voller Vorfreude. Freilich, ich muss da ehrlich sein. Unterwegs überkam mich dann doch auf einmal ein seltsames Gefühl. „Was machst du hier eigentlich?", hörte ich eine Stimme in mir.

„Was versprichst du dir davon, dich nach einem Kind aufzumachen, das in irgendeiner Krippe in einem Stall in Bethlehem liegt?“ Ich konnte mich je länger je mehr nicht gegen diese Stimme wehren. Und schon hörte ich diese Stimme wieder in mir. „Hast du dir deinen Messias, den Gesalbten Israels, so vorgestellt, dass er so elend in diese Welt kommt – als Kind in der Krippe?“ Nein, in der Tat, meinen Messias hätte ich mir anders vorgestellt. Der hätte nach meiner Vorstellung in einem prächtigen Palast geboren werden müssen – nicht aber in einem Stall.

Und mit diesen zweifelnden Gedanken stand ich dann auf einmal auch schon mit den anderen vor der Krippe mit dem Kind. Und ohne dass einer von uns den anderen auch nur ein Zeichen gegeben hätte, knieten wir alle auf einmal vor dem Kind. Wie lange wir es taten, weiß ich nicht. Ich weiß nur noch, dass da dann auf einmal eine andere Stimme in mir war. Und die hörte ich jetzt sagen „Meinst du, du armer, elender Hirte hättest je Zutritt zu einem Messias gefunden, der in einem Palast geboren worden wäre?“ Nein, ganz gewiss hätte man mich solch eines Zutritts zum Palast des Messias als für nicht würdig befunden. Nie und nimmer wäre ich zu ihm gelangt. „Gerade zu denen, die gering sind und die seiner Liebe bedürfen, ist dieses Kind gekommen“, hörte ich es in mir jetzt weiter sagen. Und schließlich erfüllten mich unüberhörbar diese Worte: „Sei dankbar, dass der große Gott sich für dich so klein gemacht hat, dass du ihn jetzt in dieser Krippe finden kannst.“ Diese Worte hörten nicht auf in mir nachzuklingen – auch dann noch, als ich mich mit den anderen schon wieder auf dem Rückweg zu unseren Schafen befand. So voller Dankbarkeit war jetzt mein Herz darüber, dass Gott gerade mir in diesem Kind so nahe kommen wollte, dass ich das nicht für mich behalten konnte. Und auch denen mit mir schien es nicht anders zu gehen, sodass man sich von uns Hirten später erzählte: „Als sie aber das Kind gesehen hatten, breiteten sie das Wort aus, das zu ihnen von diesem Kind gesagt war. Und alle, vor die es kam, wunderten sich über das, was ihnen die Hirten gesagt hatten.“

Ja und wenn ich ehrlich bin, dann muss ich sagen: Auch ich wundere mich heute noch und immer wieder über all das, was uns Hirten in dieser Heiligen Nacht damals vor den Toren Bethlehems geschehen ist. Und ich vermute, euch geht es jetzt nicht anders, wo ich mit meiner

Geschichte zu Ende bin. Aber vielleicht spürt ihr ja auch in euch etwas von dieser Dankbarkeit, die auch heute noch immer in mir ist, diese Dankbarkeit, dass der große Gott sich für uns so klein gemacht hat, dass er in eine Krippe passt.

Diesseits und jenseits des Flusses

Der Fluss war schon immer die Grenze gewesen. Gewiss, er war keine Landesgrenze. Aber doch waren sich die Menschen diesseits und jenseits des Flusses fremd. Man sprach zwar auf beiden Seiten des Flusses deutsch, aber in unterschiedlichen Dialekten. Und die einen mochten den Dialekt der anderen nicht – und umgekehrt. Vor allem aber war der Fluss auch eine Konfessionsgrenze. So recht konnte sich eigentlich keiner daran erinnern, seit wann der Fluss evangelisches Gebiet vom katholischen trennte, aber es musste schon sehr, sehr lange so gewesen sein, über Generationen hinweg. Und von Generation zu Generation wurden diesseits und jenseits auch die Vorurteile über die jeweils andere Konfession weitergegeben. Verständlich, dass unter diesem Vorzeichen ein Miteinander nicht möglich war. Froh war man da schon, wenn es im Lauf der Jahre aus einem Gegeneinander zu einem geregelten Nebeneinander kam. Freilich, die Betonung lag dabei immer noch auf Nebeneinander. So erschien es den meisten nach wie vor als gänzlich unmöglich, dass über den Fluss geheiratet wurde – dass also etwa eine katholische Frau von diesseits des Flusses einen evangelischen Mann von jenseits des Flusses heiratete. Man blieb eben gerne in jeder Hinsicht unter sich. Aber dann geschah eines Tages, es war ein Tag vor dem Heiligen Abend, doch etwas, das die heile Welt, oder sollte ich besser sagen: die unheile Welt diesseits und jenseits des Flusses durcheinanderbrachte. Schuld daran war ein schwerer Sturm, ja, eigentlich war es schon ein Orkan gewesen, der am Morgen dieses Tages über das Land tobte und schwere Schäden diesseits und auch jenseits des

Flusses anrichtete. Besonders schwer hatte es die evangelische Kirche getroffen. Das Dach war vom Sturm abgehoben worden und auch der Dachstuhl war fast völlig zerstört. An eine Reparatur von einem Tag zum anderen war also gar nicht zu denken. Und so saß denn der Kirchengemeinderat am frühen Nachmittag dieses Tages zusammen, um zu beraten, wie man mit dieser Situation umgehen solle. Schnell war man sich darüber einig, dass die Gottesdienste am Heiligabend auf gar keinen Fall ausfallen sollten. Die Christvesper mit dem Krippenspiel der Kinder und die Christmette mit dem Kirchenchor müssten in jedem Fall stattfinden. Aber wo? Die Kirche konnte unmöglich in so kurzer Zeit wiederhergerichtet werden. Nicht einmal notdürftig, so versicherte der Kirchenvorsteher Birkmeyer, der von Beruf Dachdecker war. Viele Vorschläge wurden jetzt gemacht und ebenso schnell wieder verworfen, weil sie grundsätzlich oder aber in der Kürze der Zeit einfach nicht durchführbar waren. Ratlosigkeit machte sich in der Runde des Kirchengemeinderates breit. Und als in die anhaltende Stille dann der Pastor seinen Vorschlag machte, da spiegelte sich in den Gesichtern fast aller Gemeinderatsmitglieder blankes Entsetzen wider.

„Aber das ist doch, das ist doch völlig unmöglich!“, stieß Birkmeyer fast atemlos hervor.

Und der Baum-Schröder, wie er genannt wurde, pflichtete ihm unter dem zustimmenden Gemurmel der meisten anderen Mitglieder zu: „Nein, das kommt überhaupt nicht infrage!“

Um es kurz zu machen – nach langer Diskussion gelang es dem Pastor, unterstützt von zwei weiteren Kirchenratsmitgliedern, doch noch, den restlichen Gemeindekirchenrat davon zu überzeugen, dass man sich auf einen einzigen Gottesdienst am Heiligabend beschränken müsse und der auch nur dann möglich sei, wenn er, der Pastor, seinen katholischen Amtsbruder darum bäte, ihnen ihre Kirche für diesen einen Gottesdienst zur Verfügung zu stellen. Ihm, so betonte der Pastor, sei schon klar, dass dieses ein schwieriges Unterfangen sei. Schließlich feierten die Katholiken jenseits des Flusses ihre eigene Christ-Vesper und ihre eigene Mitternachts-Mette am Heiligabend. Gewiss, an eine gemeinsame Vesper oder Mette sei nicht zu denken – dazu würden die Widerstände diesseits und jenseits des Flusses zu groß sein. Aber

er, der Pastor, würde den katholischen Pfarrer doch fragen und bitten, ob sie, die Evangelischen, nicht zwischen der Vesper am Nachmittag und der Mette in der Nacht ihren Gottesdienst mit Krippenspiel und Kirchenchor feiern dürften.

Und so saß dann der evangelische Pastor noch am späten Nachmittag desselben Tages im Arbeitszimmer seines katholischen Amtsbruders und trug ihm sein Anliegen vor. Beiden war abzuspüren, dass ihnen dieses Gespräch nicht leichtfiel. In all den Jahren, wo sie ihren Dienst diesseits und jenseits des Flusses versahen, hatten sie so gut wie keinen Kontakt, schon gar keinen persönlichen, miteinander gehabt. Aber gerade deswegen konnte sich der eine jetzt gut in die Situation des anderen hineinversetzen.

„Das war bestimmt kein einfacher Weg für ihn zu mir hin“, dachte der katholische Pfarrer bei sich.

„Das ist bestimmt für ihn eine schwierige Bitte, die ich an ihn richte“, dachte der Pastor bei sich.

Schließlich sagte der Pfarrer zum Pastor: „Ich kann das nicht allein entscheiden. Das muss der Kirchengemeinderat tun. Aber ich werde Ihr Anliegen dort unterstützen.“

Und so tagte der katholische Gemeinderat noch am selben Abend – am Vortag des Heiligen Tages. Natürlich hatte der katholische Pfarrer da einen ähnlich schweren Stand wie es der Pastor in seinem Kirchenvorstand gehabt hatte. In der hitzigen Diskussion drohte gar der eine oder andere damit, aus dem Gemeinderat auszutreten. Aber als dann einer sagte „Mag sein, dass die Evangelischen in vielem anders sind als wir, aber sie sind gewiss nicht so anders, dass wir sie nicht Weihnachten in unserer Kirche feiern lassen dürfen“, da verstummte der Widerstand dann doch. Ja, und so kam es, dass die Evangelischen von jenseits des Flusses am Heiligabend ihren Gottesdienst zwischen Vesper und Mette in der katholischen Kirche diesseits des Flusses feierten. Für viele Evangelische war es das erste Mal, dass sie eine katholische Kirche betraten. Und wie der Birkmeyer dem Pastor zu berichten wusste, seien einige aus dem Ort auch dem Gottesdienst ferngeblieben. Aber die meisten seien gekommen und hätten sich gefreut, dass sie Weihnachten in der Kirche hätten feiern können. Und manch eine und manch einer hätte sogar gesagt, dass sie trotz des Weihrauchgeruches das Kircheninnere der katholischen Kirche viel schöner gefunden hätten als das in ihrer eigenen. Diese käme ihnen jetzt viel zu kahl und zu nüchtern vor. Und der katholische Pfarrer konnte aus seiner Gemeinde in den folgenden Tagen auch Verwunderliches hören. Über den Mesner, wie der Küster bei den Katholiken heißt, der dem evangelischen Gottesdienst sozusagen dienstlich beiwohnen musste, hatte es sich in seiner Gemeinde herumgesprochen, dass die Evangelischen auch solche Gebete und Lieder in ihrem Gottesdienst beteten und sängen, wie es die Katholiken täten. Und auch die beiden Amtsbrüder hatten durch ihre Begegnung so weit zueinandergefunden, dass sie schon bald nach Weihnachten ein Treffen vereinbarten. Der Gottesdienst am Heiligabend sei ja so eine Art Brückenschlag gewesen, sagte da der Pastor. Ob er, der Pfarrer, sich vorstellen könne, dass sie künftig zusammen mit ihren Gemeinden einen Gottesdienst auf der Brücke feierten, die über den Fluss führte. Der Gedanke sei ihm auch schon gekommen, erwiderte der Pfarrer. Und so wurde einmal im Jahr ein Brückengottesdienst gefeiert als sichtbarer Brückenschlag zwischen Evangelischen und Katholiken. Und wie Pastor und Pfarrer feststellen konnten, entwickelten sich im Lauf der Jahre viele weitere Brückenschläge. Nicht zuletzt zählten dazu die Brückenschläge des Herzens, die die Menschen diesseits und jenseits des Flusses miteinander verbanden. Und so hatte die Botschaft des Engels der Weihnacht, wenn auch auf Umwegen, ihren Weg in die Herzen der Menschen diesseits und jenseits des Flusses gefunden: „Ehre sei Gott in der Höhe und Frieden auf Erden unter den Menschen seines Wohlgefallens."

Terschenkows Lied

Von all den Geschichten, die unsere Oma uns Kindern in der Advents- und Weihnachtszeit erzählte, ist mir diese in besonderer Erinnerung geblieben. Das liegt nicht zuletzt daran, dass wir Kinder die Oma jedes Jahr aufs Neue bedrängten, uns diese Geschichte zu erzählen. Unvorstellbar, dass es hätte Weihnachten werden können, ohne dass wir sie gehört hätten. Ihren Anfang nimmt diese Geschichte in den letzten Tagen jenes Krieges, den man den Zweiten Weltkrieg nennt. Die Oma lebte damals auf einem Gut im Pommerschen. Natürlich war auch dieses Gut nicht vom Krieg verschont geblieben. Aber gemessen an anderen Gütern in der Nachbarschaft, die zum Teil dem Erdboden gleichgemacht worden waren, war „Gut Rommin", so hieß es, noch glimpflich davongekommen. Das verdankte man nicht zuletzt dem Umstand, dass die russische Armee in Gestalt des Hauptmanns Igor Terschenkow im Gutsgebäude Quartier genommen und es zu seinem Befehlsstand gemacht hatte. Zur Gutsfamilie gehörte neben der Oma, die damals Mitte fünfzig war, als Erwachsener nur noch ihr Onkel Georg. Obwohl dieser schon fast siebzig war, verfügte er doch in einer Hinsicht über eine ganz besondere Gabe, die für den Fortgang dieser Geschichte von Bedeutung ist. Onkel Georg war nämlich das, was man einen Klaviervirtuosen nennen könnte. Von Beruf war er zwar eigentlich höherer Beamter gewesen, aber das Klavierspiel war sein Leben lang seine große Leidenschaft. Und so hatte er es im Laufe der Jahre beim Klavierspielen zu einer Könnerschaft gebracht, die bei seinen Zuhörern immer wieder Erstaunen und Begeisterung hervorrief. Auch Hauptmann Terschenkow sollte da keine Ausnahme sein. Doch davon später. Denn zunächst muss noch von Peter berichtet werden. Peter war der Enkel von Onkel Georg. Man hatte ihn vor einiger Zeit mit dem Onkel nach Rommin gebracht, weil man die beiden dort vor den Russen sicherer wähnte als auf dem Gut seiner Eltern. Mit seinen vier Jahren und seiner munteren Art hatte Peter, als er auf Rommin ankam, die Herzen der Gutsbewohner im Sturm erobert. Es war auch wirklich schwer, sich seinem kindlichen Charme zu entziehen, wenn er etwa in seinem Kinder-Kauderwelsch um einen Schlakapupig bat. Und damit natürlich einen Schokoladenpudding meinte. Seltsamerweise hatte Hauptmann Terschenkow ein eher zwiespältiges Verhältnis zu dem Kind. Einerseits konnte man zwar wahrnehmen, wie Terschenkow, wenn er sich unbeobachtet wähnte, dem Kleinen liebevoll über das Haar strich, ihn auf den Arm nahm und fest an sich drückte. Andererseits aber schien er in Gegenwart anderer den Jungen meiden zu wollen. So wie man etwas meidet, dessen häufige Nähe

einem sonst zu viel Schmerz bereiten würde. Ja, einmal meinte die Oma, ihn in einem der vermeintlich unbeobachteten Augenblicke von ferne leise, aber doch noch deutlich flüstern zu hören: „Oh, mein Aljoscha, mein lieber Aljoscha“. Nur zu gut möglich, dass er da seinen eigenen Sohn Aljoscha an seiner Brust wähnte, wenn er Peter auf seinen Arm nahm.

Mit der Zeit gestattete es sich Hauptmann Terschenkow, seinen väterlichen Gefühlen gegenüber Peter freien Lauf zu lassen. Und als dann das Weihnachtsfest nahte, da verging kein Tag, wo Igor Terschenkow nicht den Kleinen sogar mehrmals auf seinem Arm gehabt hätte. Ja, und dann kam jener Tag, es war der Tag vor Heiligabend, der ein schreckliches Ende hätte nehmen können. Wie an jedem Abend hatte Onkel Georg auch an diesem Abend am Klavier gesessen. Jetzt, in der Zeit vor Weihnachten, hatte er natürlich auch entsprechende Stücke gespielt – vor allem deutsche Advents- und Weihnachtslieder. Nicht zum geringem Erstaunen der anderen hatte der Hauptmann, der des Deutschen durchaus mächtig war, in das eine oder andere Lied mit eingestimmt, wenn auch meist nur summend. Auch an diesem Abend hatte er Peter wieder auf seinen Arm genommen. Inzwischen saß Peter nun bei Terschenkow, der in einem Sessel neben dem Klavier Platz genommen hatte, auf dessen Schoß. Plötzlich erhob sich der Hauptmann, setzte mit einem Ruck Peter vor sich ab und wandte sich mit den Worten „Sie spielen sehr, sehr gut Klavier“ an Onkel Georg.

„Danke, es freut mich, dass es Ihnen gefällt“, erwiderte der Onkel.

„Dann“, so fuhr der Hauptmann jetzt fort, „wird es Ihnen auch nicht schwerfallen, mir einen Gefallen zu tun.“

„Wenn es mir möglich ist, will ich das gerne machen“, antwortete Onkel Georg.

„Das wird Ihnen möglich sein, das muss Ihnen möglich sein“, war die unversehens mit scharfer Stimme vorgetragene Antwort des Hauptmanns. Wer in das Gesicht des kleinen Peter blickte, konnte sehen, wie sich in seinen Augen deutlich Angst widerspiegelte. „Ich werde Ihnen jetzt ein Lied vorsingen. Es ist das Lied, das wir in meiner Heimat immer zu Weihnachten singen. Und ich will, dass sie mich auf dem Klavier begleiten.“ Man merkte jetzt der Stimme des Hauptmannes an, dass er keinen Widerspruch duldete. Und so begann der Hauptmann, dem Onkel sein Lied vorzusingen. Und der Onkel versuchte, es ihm tonmäßig abzunehmen. In jeder normalen Situation wäre dem Onkel dies wohl auch gelungen. Aber dies war keine normale Situation mehr. Je länger der Hauptmann dem Onkel sein Lied vorsang, je mehr verlor der Hauptmann die Geduld, wenn der Onkel einmal einen Ton nicht richtig wiedergab.

„Sie sind doch ein Virtuose – warum verspielen Sie sich dann ständig?“ Der Hauptmann steigerte sich mit jedem falschen Ton in eine kaum mehr begreifliche Wut hinein. Der kleine Peter begann, leise zu weinen. Dies machte den Hauptmann nur noch wütender Er geriet geradezu außer sich vor Zorn. Und dann war sie auf einmal da – die Pistole. In der Hand des Hauptmanns.

„Ich werde Sie erschießen, wenn Sie mein Lied jetzt nicht gleich richtig spielen.“

Peter flüchtete sich nun laut weinend in die Arme der Oma, während der Onkel wie erstarrt auf die Pistole blickte. Eine furchtbare Stille, nur unterbrochen von dem Schluchzen des kleinen Peter, trat ein. Und in diese Stille hinein sagte die Oma mit leiser, aber doch fester Stimme: „Herr Hauptmann, wenn Sie den Onkel erschießen, wird Peter nie mehr auf Ihren Arm kommen.“

Der Hauptmann, noch immer die Pistole in der Hand haltend, drehte sich jetzt der Oma zu, die Peter fest an sich drückte. Unverwandt blickte die Oma in Terschenkows Augen. Dieser wich ihrem Blick nicht aus. Und so sah er dann wohl auch seinen Aljoscha auf einmal da stehen – zitternd vor diesem Mann mit der Pistole, der ihn doch sonst auf seinen Arm nahm und ihn herzte. Mit einem Gesichtsausdruck, als ob er sich selbst fremd geworden war, ließ Terschenkow jetzt die Pistole in das Holster gleiten und verließ den Raum.

Der Rest der Geschichte ist schnell erzählt. Am Tag darauf, am Vormittag des Heiligen Abends, hatte Terschenkow Onkel Georg aufgesucht und ihm ein Buch mit kyrillischer Schrift überreicht. In diesem befand sich auch das Weihnachtslied des Hauptmanns Terschenkow mit Noten. Woher der Hauptmann so rasch dieses Buch hatte beschaffen können, das tat er nicht kund. Jedenfalls erklang die Melodie von Terschenkows russischem Weihnachtslied zusammen mit den vertrauten deutschen Melodien am Abend des Heiligen Abends auf Gut Rommin. Ja, und der kleine Peter, ermuntert von der Oma und Onkel Georg, hatte da auch schon wieder seinen Platz auf dem Arm von Igor Terschenkow gefunden.

Josefs Erzählung

Eigentlich brauche ich mich euch gar nicht vorzustellen. Ihr kennt mich alle. Ich habe einen berühmten Namen. Genauer gesagt müsste ich sagen: einen berühmten Vornamen. Freilich, so ganz stimmt das nun auch wieder nicht, denn eigentlich ist mein Vorname nur dann so richtig bekannt in Verbindung mit dem Vornamen meiner Frau. Sicherlich ahnt ihr jetzt schon, wer ich bin, oder? Na, wenn ich jetzt noch hinzufüge, dass man mich immer auch mit Bethlehem und der Krippe im Stall in Verbindung bringt, dann weiß jetzt wohl jeder von euch, dass ich Josef bin. Josef, der Mann der Maria. Nun, wenn ich sage: der Mann der Maria – dann stimmte das damals, als ich mit ihr nach Bethlehem ging, um uns in die Steuerlisten eintragen zu lassen, wie es der Kaiser Augustus im fernen Rom angeordnet hatte – also, eigentlich war die Maria da noch nicht meine Frau, wir waren da erst verlobt. Und doch war sie schon schwanger. Das mag für euch ja nicht so dramatisch klingen. Ihr lebt ja auch in anderen Zeiten. Aber für mich – das war eine Katastrophe, eine Schande! Und deswegen wollte ich die Maria auch verlassen. Schließlich wollte ich mich nicht zum Gespött der Leute machen. Aber dann erschien mir, es war wie in einem Traum, ein Engel mit einer Botschaft, die ich erst gar nicht fassen konnte. Eigentlich kann ich das, was er mir sagte, so recht bis heute noch nicht fassen. Und gewiss werdet ihr das verstehen können, wenn ich euch nun sage, dass mir der Engel verkündete, ich solle mich nicht fürchten, die Maria als meine Frau zu mir zu holen, wie es eigentlich auch jüdischer Brauch war.

„Was sie empfangen hat, ist vom Heiligen Geist", so lauteten die Worte des Engels. Und weiter hörte ich ihn sagen: „Sie wird einen Sohn gebären, dem sollst du den Namen Jesus geben, denn er wird sein Volk retten von ihren Sünden."

Könnt ihr euch eigentlich vorstellen, wie mir zumute war nach dieser Engel-Botschaft? Natürlich war ich völlig durcheinander. Ich musste meine Gedanken erst einmal wieder ordnen. Denn das, was mir da verkündet wurde, bedeutete doch letztlich nichts anderes, als dass

Maria den Erlöser, den Heiland, den Messias, zur Welt bringen sollte. Natürlich glaubte ich als frommer Jude auch daran, dass Gott uns, dem Volke Israel, einmal den Messias senden würde. Aber ausgerechnet Maria sollte ihn zur Welt bringen, also seine Mutter sein! Und ausgerechnet ich, Josef, sollte sozusagen sein Stiefvater sein. Nein, das war alles so verwirrend. Aber ich habe mich dann doch in mein Schicksal gefügt. Mit Schicksal meine ich eben, dass mir all dies mit der Maria und dem Kind von Gott so geschickt, so in den Weg gelegt wurde. Ich kann das nicht besser ausdrücken. Aber ihr versteht mich vielleicht doch ganz gut, weil euch das in eurem Leben auch schon passiert ist, dass euch da etwas gänzlich Unerwartetes und Unverständliches, schwer Tragbares in den Weg gelegt wurde, das ihr dann doch schließlich als Gottes Geschick für euch, als Gottes Wille für euch angenommen habt. Ich jedenfalls habe das dann getan. Und ich bin ehrlich genug, um zu sagen: Leicht ist mir das nicht gefallen. Und Zweifel sind mir auch immer wieder gekommen. Erst recht, wenn ich mir die Lästereien meiner lieben Nachbarn anhören musste wegen meiner schwangeren Maria. Aber ich hatte sie als Frau an meine Seite genommen und dabei blieb es auch. Dann aber kam diese Anordnung aus Rom, dass wir uns alle in die Steuerlisten eintragen lassen mussten. Das heißt, wir wurden namentlich in diesen Listen mit Angabe unseres Besitzes registriert, damit die Römer entsprechend Steuern erheben konnten. Na ja, das war schon ärgerlich genug. Noch ärgerlicher war, dass ich mich deswegen extra nach Bethlehem aufmachen musste. Das lag daran, dass meine Vorfahren, die wie ich Nachfahren des Königs David waren, aus Bethlehem stammten. Von Nazareth, wo wir wohnten, nach Bethlehem ist es aber ein ordentlich Stück Weges. Davon könnt ihr euch überzeugen, wenn ihr einmal gelegentlich auf die Landkarte guckt. Und das alles zu Fuß auf oft genug beschwerlichen und auch gefährlichen Wegen. Raubüberfälle waren da in bestimmten Gegenden an der Tagesordnung. Ja, und das alles mit einer schwangeren, was sage ich, hochschwangeren Frau an meiner Seite. Natürlich war dieser lange Weg von Nazareth nach Bethlehem für Maria in ihrem Zustand noch viel beschwerlicher als für mich. Aber die Verantwortung, die ich für sie und das Kind trug, lastete schwer auf mir. Wochenlang waren wir unterwegs, bis wir endlich am Ziel, in Bethlehem, ankamen. Meine Güte, war da was los! Ein Gewimmel von Leuten! Und das alles wegen dieser Römer und ihrer Steuerlisten. Ich weiß nicht mehr, an wie viele Türen ich damals geklopft habe, um ein Unterkommen für mich und Maria zu finden. Unverschämt waren diese Herbergswirte zum Teil. Auch wenn ich da um Marias willen bat, uns doch Aufnahme zu gewähren, wurden wir oft hämisch von diesen rohen Leuten zurückgewiesen. Ja, natürlich, wenn wir genug Geld gehabt hätten, dann hätten wir wohl noch ein gutes Quartier bekommen können. Das hatten wir aber nicht. Schließlich, die Dunkelheit brach schon herein, erbarmte sich aber doch einer von diesen Wirten. Das, was wir von ihm zugewiesen bekamen, war freilich auch alles andere als anheimelnd. Es war ein Stall, in dem das Vieh des Wirtes, ein Ochs und ein Esel, sich befanden. Na, den Geruch, den die verströmten, muss ich ja wohl nicht beschreiben. Aber immerhin verbreiteten die Tiere auch ein wenig Wärme. Und vor allem hatten wir jetzt endlich ein Dach über dem Kopf. Das war auch höchste Zeit, denn bei Maria setzten schon die Wehen ein. Ich hatte noch nie eine Geburt mitgemacht. Welcher Mann hatte das schon damals! Bei euch mag das jetzt ja anders sein. Und so bin ich dann rasch zum Herbergswirt gelaufen und habe ihn gefragt, ob er nicht eine Frau wüsste, die meiner Maria bei der Geburt beistehen könnte. Dem Allerhöchsten sei Dank, der Wirt rief sogleich seine Frau herbei und sagte ihr, sie solle mit mir gehen und meiner Frau beistehen. Ja, und dann habe ich mich ein wenig abseits in einen Winkel des Stalles auf einen Heuhaufen gesetzt und gewartet. Und auch gebetet. Für meine Maria und auch für das Kind. Nein, ich hatte nicht vergessen, was mir der Engel damals gesagt hatte. Nach seinen Worten musste ja eigentlich alles gut gehen. Mit Maria und dem Kind. Aber seid mal ehrlich, verlasst ihr euch immer auf das, was Gott euch eigentlich zugesagt hat für euer Leben? Oder meint ihr nicht auch immer wieder einmal, ihr müsstet Gott an seine Zusagen erinnern?

Na ja, ich habe jedenfalls den Gott Israels angerufen im Gebet und um seinen Beistand für Mutter und Kind gebetet. Und dann, endlich, hörte ich, wie das Kind schrie. Es war vollbracht. Nach einem Dankgebet erhob ich mich und ging zu meiner Maria. Die Wirtsfrau war inzwischen schon wieder gegangen. Ja, und dann sah ich das Kind. Nein, um ehrlich zu sein, mein erster Gedanke war

nicht: Da liegt der Erlöser, der Heiland der Welt, unser Messias. Nein, mein erster Gedanke war: Dank sei Gott, Maria und das Kind sind gesund. Wenn das Kind bei uns zu Hause in Nazareth geboren worden wäre, dann hätte es auch ganz gewiss nicht nach seiner Geburt an einem Ort wie jenem gelegen, an dem es jetzt lag. In eine Krippe, die mit Heu und Stroh sozusagen ausgepolstert war, hatte Maria ihn gelegt, nachdem sie ihn in Windeln gewickelt hatte. Als ich das Kind hinreichend in Augenschein genommen hatte, ging ich daran, für Maria und mich ein Nachtlager vorzubereiten. Das nahm einige Zeit in Anspruch, weil ich es vor allem für Maria so angenehm wie möglich herrichten wollte. Als ich damit endlich beinahe fertig war, vernahm ich, wie vor dem Stall Unruhe entstand. Man hörte Stimmen und Schritte wie von einer ganzen Schar von Menschen. Und dann trat auch schon ein erster aus dieser Schar durch die Tür des Stalles. Ein wenig ängstlich schaute er zwar und er näherte sich uns und der Krippe auch nur zögerlich. Aber zugleich wohnte seinem Verhalten doch etwas Bestimmtes inne, so, als ob er das alles jetzt nicht aus sich heraus tat, sondern sozusagen auf Geheiß von etwas, was außer seiner Verfügung stand. Hinter ihm drängten nun nach und nach die anderen in den Stall. Wie ich unschwer an ihrer Kleidung erkennen konnte, waren es Hirten. Aufgrund ihres nicht gerade guten Leumundes, den sie wegen ihres nicht selten betrügerischen Charakters genossen, war ich über diesen Besuch nicht gerade erfreut. Doch bevor ich ein Wort an sie richten konnte, kniete schon ein erster von ihnen und dann allmählich alle vor der Krippe nieder. Ich war verwirrt. Was sollte das alles bedeuten? Wie kamen diese Hirten eigentlich hierher und was brachte sie dazu, kniefällig dieses Kind in der Krippe zu verehren? Solch Kniefall kam nur Herrschern zu, Königen und Kaisern. Und ja, natürlich Gott, dem Herrn aller Herren – so durchfuhr es mich. Und da waren auf einmal auch wieder die Worte des Engels in mir: „Er wird sein Volk retten von ihren Sünden."

Aber woher wussten diese Leute da, die Hirten, davon, dass über jenem Kind diese göttliche Verheißung ausgesprochen war? Die sahen da jetzt doch nur irgendein Kind in Windeln gewickelt. Notdürftig, um nicht zu sagen kläglich, in einer Krippe in einem Stall liegen. Und dennoch: Sie knieten da jetzt andächtig schon eine ganze Weile vor der Krippe. So als ob sie diesem Kind ihre Ehre erweisen wollten. Ja, es ließ sich nicht leugnen: Diese Hirten sahen da nicht nur ein Bündel mit Kind vor sich. Nein, sie sahen in diesem Kind offensichtlich genau das, was mir der Engel über ihn gesagt hatte: den Erlöser, den Heiland der Welt. Und ich selbst? Waren diese Hirten nicht sozusagen ein Beweis für die Worte, die der Engel mir verkündet hatte? Diese Frage habe ich mir damals im Stall gestellt. Aber kann man von Beweisen reden, wenn es um den Glauben geht? Nein, das kann man nicht, das wisst ihr so gut wie ich. Man kann sich nur einlassen auf das, was Gott einem zusagt, einem verheißt. Das ist und bleibt ein Wagnis. Und auf dieses Wagnis kann man sich einlassen oder nicht. Ich habe das getan. Damals im Stall in Bethlehem. Und dann immer wieder in meinem Leben. Ihr wisst ja, wie es mit dem Kind in der Krippe weiterging bis hin zu seinem Ende. Da gab es für mich immer wieder Anlass, daran zu zweifeln, dass Jesus der von Gott gesandte Erlöser, der von Gott gesandte Heiland war. Aber ich habe mich immer wieder trotz aller Anfechtungen darauf eingelassen, auf Gottes Zusage zu vertrauen, dass das Kind in der Krippe aus dem Stall von Bethlehem auch mein Erlöser, mein Heiland ist. Das war nicht immer leicht. Aber glaubt mir, ohne diesen Glauben könnte ich nicht leben. Das könnt ihr doch sicher verstehen. Oder?

Ausgerechnet Heiligabend

Ausgerechnet heute musste ihm das passieren. Ausgerechnet an Heiligabend. Und ausgerechnet ihm musste das passieren. Er galt ja in seiner Familie ohnehin als Unglücksrabe. Die Verwandtschaft sprach da von ihm schon eher vom schwarzen Schaf der Familie. Er war für seine Eltern, vor allem für seinen Vater, eine einzige Enttäuschung. Der hatte gehofft, dass er als einziges Kind einmal den elterlichen Betrieb übernehmen würde. Aber daran hatte er kein Interesse gezeigt. Als er dann auch noch eine Frau heiratete, die seine Eltern als nicht standesgemäß betrachteten, war es zum völligen Bruch zwischen ihm und seinen Eltern gekommen. Er hatte ihnen zwar die Geburtsanzeigen seiner Kinder Paul und Lisa geschickt, die Eltern hatten darauf aber keinerlei Reaktion gezeigt. So hatte sich der Graben zwischen den Eltern und ihm im Laufe der Jahre immer mehr vertieft.

Ungefähr fünf Jahre musste es her sein, dass sie das letzte Mal miteinander gesprochen hatten. Und diese Mauer des Schweigens wäre sicherlich mit der Zeit immer noch dicker und höher geworden, wenn nicht die Mutter vor ihrem Geburtstag im September zu ihrem Mann gesagt hätte: „Du, ich halte das einfach nicht mehr aus."

„Was hältst du nicht mehr aus?", hatte ihr Mann zurückgefragt.

„Na, das mit unserem Sohn."

„Du weißt, dass ich darüber nicht mehr sprechen möchte", hatte ihr Mann darauf erregt erwidert. „Muss ich dich daran erinnern, was er uns angetan hat? Für mich ist das Thema erledigt."

Doch seine Frau hatte sich nicht abweisen lassen. Er sei doch sonst nicht so unnachgiebig und unversöhnlich, wenn es um andere Menschen gehe, hielt sie ihm vor Augen.

Das sei auch ganz etwas anderes, schließlich handele es sich hier um seinen Sohn.

„Und zu dem musst du dann besonders unversöhnlich sein?", hatte sie mehr traurig als empört gefragt.

Die beiden hatten dann noch eine ganze Weile beieinander gesessen. Aus dem Streitgespräch war dann mit der Zeit aber immer mehr ein gegenseitiges Eingeständnis geworden. Es war die für beide schmerzliche Erkenntnis, dass sie sich vor allem deswegen von ihrem Sohn so verletzt fühlten, weil er ihren Erwartungen nicht entsprochen hatte.

„Wenn wir ehrlich sind, müssen wir zugeben, dass wir weniger danach gefragt haben, was unser Sohn sich für sein Leben wünscht, als vielmehr danach, was wir uns für unseren Sohn wünschen."

Nach diesen Worten ihres Mannes hatte seine Frau ihn umarmt und ihm „meinen größten Geburtstagswunsch" gesagt.

„Und der wäre?", hatte ihr Mann gefragt.

„Dass wir unseren Sohn und seine Familie zu Weihnachten zu uns einladen."

Ja, und so hatte den Sohn dann auch der Anruf seiner Mutter erreicht. Natürlich hatte er sich einerseits über diese Ein-

ladung gefreut. Andererseits hatte das Verhalten seiner Eltern nicht nur bei ihm, sondern auch bei seiner Frau tiefe Spuren hinterlassen. Wie oft hatte er sich von seiner Frau den Satz anhören müssen: „Ich bin deinen Eltern nicht fein genug."

Darauf hatte er ihr immer geantwortet: „Für mich bist du das Feinste, was ich mir als Frau vorstellen kann."

Das hatte er ihr auch jetzt wieder gesagt, als seine Frau ihre Vorbehalte gegen die Einladung seiner Eltern vorbrachte. Und schließlich hatte seine Frau auch eingewilligt, zu Weihnachten mit den Kindern zu ihren Schwiegereltern zu fahren. Eine mehrstündige Autofahrt lag an Heiligabend also vor ihnen. Ja, und ausgerechnet jetzt war es passiert. Er war wirklich kein schlechter Autofahrer. Er hatte sich die Fahrtroute genau eingeprägt und auch sein Navi angestellt. Um Zeit zu sparen, hatte er sich dann aber entschlossen, eine Abkürzung über Land zu nehmen. Die führte freilich über schlechte Straßen. Zu allem Überfluss setzte dann auch noch Schneetreiben ein, das immer stärker wurde, sodass die Sichtverhältnisse immer schlechter wurden. In einer scharfen Kurve war er dann von der Straße abgekommen und eine Böschung hinuntergerutscht. Den Kindern, seiner Frau und auch ihm war dabei Gott sei Dank nicht viel passiert. Auch das Auto hatte, wie er sich überzeugen konnte, nur ein paar Schrammen abbekommen. Aber ohne fremde Hilfe würde er das Auto niemals auf die Straße zurückbekommen.

„Versuch' doch mal, per Handy Hilfe herbeizuholen", schlug seine Frau jetzt vor. Doch all seine Versuche schlugen fehl. Offensichtlich befand er sich in einem Funkloch. Es war zum Verzweifeln. Die Kinder wurden auch schon unruhig, obwohl er den Motor laufen ließ und sie so im Wagen nicht frieren mussten.

„Irgendwann muss doch selbst in dieser verlassenen Gegend einmal jemand vorbeikommen", hörte er jetzt seine Frau sagen.

„Du vergisst, dass wir heute Heiligabend haben", entgegnete ihr Mann. „Da sind auf dieser Strecke bestimmt nicht mehr viele Leute unterwegs."

Schließlich entschloss er sich, noch einen Versuch mit dem Handy zu unternehmen. „Ich gehe jetzt mal die Straße ein Stück weiter hoch. Vielleicht habe ich da ja mehr Glück und bekomme dort Empfang."

Und in der Tat. Es klappte. Aber von allen Service-Diensten bekam er dieselbe Auskunft. Frühestens in ein bis zwei Stunden würde man bei ihnen sein können. Dann würden sie aber niemals mehr rechtzeitig bei seinen Eltern eintreffen können. Schließlich wollte man mit ihnen und den Kindern am späten Nachmittag in den Gottesdienst mit dem Krippenspiel gehen.

„Und wenn du versuchst, deine Eltern zu erreichen?", schlug seine Frau jetzt vor.

„Die können uns jetzt doch auch nicht helfen", gab ihr Mann zurück. „Aber du hast recht, wir müssen ihnen Bescheid sagen, was uns passiert ist."

Und so geschah es auch. Zu seiner Überraschung machte sein Vater ihm keine Vorhaltungen, wie er es früher in vergleichbaren Fällen getan hatte. Die gipfelten dann zumeist immer darin, ihm zu zeigen, wie ungeschickt und wenig erwachsen er sich mal wieder angestellt habe. Nein, diesmal war alles ganz anders. Besorgt klang die Stimme seines Vaters. Auch hatte er sich gleich nach dem Befinden seiner Schwiegertochter und seiner Enkel erkundigt. Und kurzentschlossen sagte er dann zu seinem Sohn, es sei wohl das Beste, wenn er sich mit seinem Auto auf den Weg mache, um ihm rasch zu helfen. Anhand der GPS-Daten, die ihm sein Sohn genannt hatte, würde es nicht allzu schwer sein, die richtige Stelle zu finden.

Als er dann vor Ort eintraf, wurde er schon erwartet. Zum ersten Mal sah er nun seine Enkel, die zögernd auf ihn zutraten und ihm die Hand reichten. Und ehe ihr Mann seinem Vater etwas sagen konnte, sprach seine Frau nun ihren Schwiegervater an: „Wir sind dir von Herzen dankbar, dass du jetzt hier bist."

Das Auto von der Böschung wieder hinauf auf die Straße zu ziehen, gestaltete sich dann, wie sie alle erleichtert feststellten, nicht allzu schwer, zumal das Schneetreiben schon längere Zeit aufgehört hatte.

„Das war aber lieb von deinem Vater, dass er uns geholfen hat", sagte Lisa, als sie dem Wagen des vorausfahrenden Großvaters folgten.

„Ja, das fand ich auch ganz lieb", nickte ihre Mutter. Und dabei blickte sie wie jemand, der etwas, das er lange ersehnte, endlich gefunden hatte. Und nicht anders schien es ihrer Schwiegermutter zu ergehen, als sie ihre beiden Enkel Lisa und Paul vor dem Eingang ihres Hauses in Empfang nahm. Als sie dann auf ihre Schwiegertochter mit offenen Armen zuging, konnten beide ihre Rührung voreinander nicht verbergen. Da jetzt aber nicht mehr viel Zeit blieb bis zur Christ-Vesper, beeilten sich alle, sich dafür fein zu machen.

„Das war das schönste Krippenspiel, das ich je gesehen habe“, jubelte der kleine Paul nach der Vesper. Besonders hatte es ihm der Engel angetan, der den Hirten die frohe Botschaft verkündete.

Ja, dies ist das schönste Weihnachten, das wir je gefeiert haben, dachten auch die Großen bei sich. Und jeder von ihnen spürte in seinem Herzen, dass sie heute dem Kind in der Krippe ganz nahe gekommen waren.

Der Esel packt aus

Ja, ja – oder sollte ich besser sagen: Ia, Ia – also, ich will sagen: Ihr meint, ihr würdet alles über mich, den Esel, wissen. Also den Esel, der da zusammen mit dem Ochsen an der Krippe im Stall von Bethlehem gestanden hat. Und ich fehle ja auch jetzt bei euch bei keiner Weihnachtskrippe, die ihr in euren Kirchen und Wohnzimmern aufstellt. Aber wisst ihr eigentlich, wie ich damals zu der Krippe hingekommen bin? Na – das wisst ihr natürlich nicht.

Ach, jetzt versucht er schon wieder dazwischenzureden. Er – das ist der Ochse. Der will mich immer verbessern, wenn ich den Leuten etwas erzähle.

Also, was willst du Ochse denn nun schon wieder? Was sagst du? Du meinst, die Leute wissen, dass wir beide eigentlich gar nicht in der Weihnachtsgeschichte vorkommen, die der Lukas aufgeschrieben hat? Und sie wissen auch, meinst du, dass uns erst kluge Theologen in diese Geschichte sozusagen eingeschleust haben? Na ja, kann schon sein, dass die Leute wissen, dass du Ochse für das Volk Israel stehst. Na ja, und ich würde dann für das Heidentum stehen. Aber du, Ochse, lenkst doch mit deinem Rumgeklügele nur davon ab, was ich eigentlich sagen will. Und ich sage eben: Die Leute haben keine Ahnung, wie das wirklich war mit uns beiden damals im Stall von Bethlehem. Und nun, Ochse, lass mich den Leuten endlich die wahre Geschichte erzählen.

Und die beginnt damit, dass mich mein Herr, der heißt Ismael, wieder einmal ordentlich vollgepackt hatte mit Säcken voller Waren, die er auf dem Markt in Bethlehem verkaufen wollte. Meine Güte, waren die schwer! Versucht ihr mal, vier schwere Säcke, die zusammen mindestens vier Zentner wiegen, zu tragen.

Was willst du, Ochse, denn nun schon wieder? Du sagst, ich würde immer maßlos übertreiben? Du warst doch gar nicht dabei. Du standest doch da schon in dem Stall, in den ich erst noch kommen sollte. Lass mich nun endlich in Ruhe weitererzählen.

Also, mein Herr, der Ismael, trieb mich unter vielen Stößen zum Markt, um da seine Waren zu verkaufen, wie er das regelmäßig am zweiten Tag der Woche tat. Nachdem er seinen Stand aufgebaut hatte und mich endlich von diesen elenden Säcken befreit hatte, band er mich mit einem Seil an einem kleinen Baum fest. Jetzt hätte ich mich natürlich über ein wenig Futter gefreut. Aber nichts da. Und zu saufen gab es auch nichts für mich. Ja, da stand ich nun. Stundenlang würde das gehen, bis mein Herr seine Sachen verkauft hätte. Und so legte ich mich dann nieder und döste vor mich hin.

Na ja, ich musste dann wohl eingeschlafen sein. Denn ich habe mich ganz gräulich erschrocken, als auf einmal fürchterlich am Strick gerissen und ich mit Gewalt auf meine vier Beine gezogen wurde. Ich war zwar einiges von meinem Herrn gewohnt, aber so roh ging er eigentlich nie mit mir um. Ja, und was soll ich euch sagen: Als ich mich von meinem ersten Schreck erholt hatte, merkte ich, dass das gar nicht mein Herr war, der mich jetzt mit sich fortzog. Den Mann da kannte ich gar nicht. Dieser Kerl versuchte also, mich zu klauen. Natürlich fing ich jetzt auch an, laut zu iahen. Aber bei dem Lärm, der auf so einem Markt herrscht, ging das einfach unter. Ja, und mein Herr, der Ismael, der war viel zu sehr damit beschäftigt, seine Waren anzupreisen, als dass er sich dauernd für mich interessiert hätte. Na, dieser Dieb, er hieß übrigens Nathanael, wie ich später erfuhr – also dieser Nathanael trieb mich unter vielen Schlägen durch den Ort. Ja, wir Esel können störrisch sein. Das versuchte ich auch. Aber wenn du da dauernd Schläge auf dein Fell gebrannt bekommst, überlegst du dir das schon mit dem Störrischsein. Zwischendurch hörte ich ihn immer etwas murmeln, was sich nach „Ich muss das Viech schnell verstecken" anhörte. Na, und dann hatte er offensichtlich sein Versteck gefunden. Das war ein elender Stall, kann ich euch sagen, in dem ich schließlich landete. Eine richtige Bruchbude war das – wenn ihr versteht, was ich meine. Aber wenigstens gab es da ein wenig Stroh, wo ich mich hinlegen konnte. Und auch Heu zum Fressen.

Unterbrich' mich doch nicht schon wieder, Ochse! Die Leute interessiert doch gar nicht, dass du schon dort warst, als ich kam. Was soll ich den Leuten noch erzählen? Ach so, das mit dem Nathanael und dir. Na ja, gut, dann erzähl' ich den Leuten schon mal, dass der Nathanael dich auch geklaut und da in diesem Stall versteckt hatte, wo er mich jetzt ebenfalls hinbrachte. Das war also ein wirklich schlimmer Bursche, dieser Nathanael. Wie? Was sagst du, Ochse? Nein, die Geschichte, wie du geklaut wurdest, die interessiert hier nicht weiter. Aber wie es mit mir weiterging, das interessiert die Leute.

Da war ich also bei diesem Ochsen gelandet. Na ja, viel Unterhaltung gab der nicht her. Ich war nur gespannt, wie es mit mir weitergehen sollte. Was hatte dieser üble Kerl, dieser Nathanael, wohl mit mir vor? Aber der hatte sich fürs Erste mal aus dem Staub gemacht. Doch irgendwann würde er ja wiederkommen müssen. Und das tat er dann auch. Aber vorher geschahen da in diesem Stall seltsame Dinge, die ich bis heute noch nicht recht fassen kann. Aber ich bin ja auch nur ein Esel. Und der Ochse, na ja, der hat auch nicht viel mehr in seinem Kopf, obwohl der viel dicker ist als meiner. Also, auch wenn ich diese Dinge nicht wirklich verstehe, so weiß ich doch, dass da auf einmal ein Mann mit seiner Frau in den Stall kam. Die hatten wohl sonst nirgendwo Platz gefunden. War ja auch voll in Bethlehem wegen der Eintragung in die Steuerlisten. Die beiden machten sich das dann so bequem wie möglich. Der Ochse hatte schon Angst um sein Heu und sein Stroh.

Was sagst du? Ich hätte viel mehr geschimpft deswegen?

Oh, dieser Ochse! Na, lassen wir das. In jedem Fall sind wir beide, der Ochse und ich, eingedöst. Aufgewacht sind wir durch so etwas wie ein Kindergeschrei. Schon wieder unterbricht mich dieser Ochse. Na ja, genau genommen, war das

kein normales Kindergeschrei. Nein, die Frau hatte offensichtlich gerade ein Kind zur Welt gebracht. Das hatte sie dann in unsere Futterkrippe gelegt. Na ja, da wollten wir mal nichts dagegen sagen. Obwohl das ja eigentlich unsere Futterkrippe war. Ja, aber was dann geschah, kann ich bis heute nicht so recht begreifen. Auf einmal war der Stall da voller Menschen. Hirten waren das offensichtlich, wie man an ihren Stäben erkennen konnte. Was wollten die denn hier?, fragte ich mich. Im Stall waren doch gar keine Schafe, sondern nur der Ochse und ich. Wollten die uns etwa auch klauen? Hirten hatten einen üblen Ruf, müsst ihr wissen. Nein, die hatten es nicht auf den Ochsen und mich abgesehen. Die interessierten sich merkwürdigerweise nur für die Krippe. Genauer gesagt muss ich wohl sagen: für das Kind in der Krippe. Ja, und dann, ich traute meinen Augen nicht recht, knieten diese Hirten auf einmal vor der Krippe nieder. Auch wenn ich und der Ochse – na ja, der ja ohnehin nicht – uns keinen Reim darauf machen konnten, so viel haben wir doch verstanden: Dieses Kind musste etwas ganz Besonderes sein. Und so habe ich zum Ochsen gesagt: „Komm, wir stellen uns einmal an die Krippe."

Willst du mir schon wieder widersprechen, Ochse? Du willst diesen Vorschlag gemacht haben, das Kind in der Krippe mit unseren Körpern ein wenig zu wärmen? Nein, ich sage ja nicht, dass du ein Hornochse bist. Ich sage nur, der Vorschlag mit dem Wärmen kam von mir. Basta! Was soll ich nicht vergessen zu erzählen? Natürlich vergess' ich das nicht.

Also, ja, ich muss natürlich noch erzählen, wer da auf einmal auch noch im Stall auftauchte. Könnt ihr's raten? Richtig, der Nathanael, dieser gemeine Halunke. Der wollte sicherlich nach uns beiden, seinem Diebesgut, sehen. Ja, und was fand er da jetzt vor? Einen Stall voller Hirten, die vor einer Krippe knieten, die umrahmt wurde von uns beiden: seinem von ihm gestohlenen Esel und seinem von ihm gestohlenen Ochsen. Na, aber vor all diesen Leuten konnte er uns da ja nun nicht einfach rausholen. Besser wäre es da sicherlich für ihn gewesen, erst einmal wieder zu verschwinden. Aber das tat der keineswegs. Der guckte nur erst einmal ziemlich verwirrt um sich. Das war ja auch verständlich. Dann schlich er sich, so muss man das wohl nennen, langsam von hinten an die Krippe heran.

Sicherlich wollte der auch wissen, wovor die Hirten da eigentlich knieten. Ja, und dann geschah etwas, was ich nun wirklich nicht erwartet hatte. Stellt euch vor: Dieser Dieb, dieser Lump kniete da auf einmal auch vor der Krippe genauso wie die Hirten. Na, ich habe erst gedacht: Mensch, was bist du für ein Heuchler. Aber irgendwie muss sich da an diesem Gauner Nathanael in der Begegnung mit diesem Kind in der Krippe etwas ereignet haben, was ihn völlig verwandelte. Wie und warum das geschah, kann ich euch nicht sagen. Ich weiß nur, dass er danach ein anderer Mensch geworden ist.

Was sagst du, Ochse? Du hast das auch gemerkt, dass er danach ein ganz anderer Mensch wurde. Ist ja gut.

Also, wir beide haben das gemerkt. Woran wir das gemerkt haben? Na, er hat uns zu unseren Besitzern zurückgebracht und sie um Vergebung gebeten für seinen Diebstahl. Ja, nicht nur das. Außerdem hat er ihnen auch angeboten – sozusagen als Buße für seine Tat – für einige Monate als Knecht in ihren Dienst zu treten. Und stellt euch vor, mein Herr Ismael und auch der Herr des Ochsen haben sein Angebot angenommen. Irgendwie hatte es sich in Bethlehem herumgesprochen, dass es mit dem Kind in der Krippe etwas Besonderes auf sich haben musste, sodass es die Menschen verwandelte. Und da wollten die beiden wohl auch nicht nachstehen. Na, ich verstehe das alles nicht, wieso dieses Kind Menschen so verändern kann. Und der Ochse schon gar nicht. Aber ich denke, ihr versteht das schon eher, mit diesem Kind in der Krippe – oder?

Na, in jedem Fall kennt ihr jetzt die wahre Geschichte von mir, dem Esel, und ja, Ochse, auch von dir. Ach, und ich muss euch ja auch noch sagen, wo ich mich jetzt eigentlich befinde: Ich fühle mich himmlisch.

Eine Begegnung

Er konnte sich einfach nicht dagegen wehren. Immer in den Tagen vor Weihnachten kamen in jedem Jahr die Erinnerungen an dieses eigentlich längst vergangene Ereignis in ihm hoch. Wie ein dunkler kalter Schatten berührten sie seine Seele und versetzten sie in eine quälende Unruhe. Er mochte sich noch so sehr gegen diese Gedanken wehren, die ihn wie in einem Sog in dieses weit zurückliegende Geschehen zogen – es war vergebens. Dabei hatte er sich doch gar nichts vorzuwerfen. Und von Schuld konnte erst recht gar nicht die Rede sein. Da gab es andere, die sich viel eher Vorwürfe gefallen lassen müssten. Aber das half ihm auch nicht weiter. Wie ein ungebetener Gast klopften diese Gedanken an die Tür seines Gewissens und begehrten Einlass.

Weihnachten – das Fest des Heilandes. Vielleicht lag es ja daran, dass ihn diese Gedanken immer zur Weihnachtszeit bedrängten. Ja, alle gedachten in dieser Zeit der Geburt des Heilandes der Welt. Wenn er das schon hörte: Heiland der Welt! Nur Unheil hatten ihm diese Tage damals vor Weihnachten gebracht. Dabei hatte das damals alles ganz harmlos angefangen. Seine Frau hatte da eines Morgens nur plötzlich über heftige Kopfschmerzen geklagt. Das war auch sonst schon häufiger bei ihr vorgekommen. Und so hatten weder er noch seine Frau sich darüber weitere Sorgen gemacht. Hätten sie es aber besser nur getan!

Er spürte, wie es schon wieder anfing, in ihm zu arbeiten und ihn ganz gefangen zu nehmen begann. Er würde jetzt einen Spaziergang machen. Vielleicht würde ihn das doch ein wenig ablenken. Eigentlich war heute ja ein herrlicher sonniger Wintertag. Glasklare Luft, die man in sich aufnehmen konnte wie ein erfrischendes Getränk. Aber als er dann im nahe gelegenen Park den Schnee bei jedem seiner Schritte knirschen hörte, bereute er auch schon gleich wieder seinen Entschluss, hinausgegangen zu sein. Dieses Knirschen des Schnees – damit hatte das, was sich später als unaufhaltsam herausstellte, ja dann geendet. Unauslöschlich hatte sich dieses Geräusch in sein Gedächtnis eingebrannt. Es war

der letzte Gang gewesen, den er mit seiner Frau hatte gehen müssen. Mit seiner Frau? Nein – ohne seine Frau! Alles war so schnell gegangen. Ohnmächtige Wut stieg in ihm empor. Unwillkürlich ballten sich seine Fäuste.

„Kann ich Ihnen helfen?", hörte er da auf einmal eine Stimme neben sich. Verwirrt blickte er um sich. „Verzeihung, aber ich hörte sie eben laut sprechen", sagte die junge Frau, die so unvermittelt neben ihm aufgetaucht war.

Ihm war es peinlich, dass es ihm offensichtlich wieder einmal passiert war, dass er einfach nicht an sich halten konnte, wenn er an diesen Abschied dachte. Das musste dann einfach aus ihm heraus. Dieses klagende, anklagende „Warum?". Erstaunlich nur, dass die junge Frau neben ihm ihn jetzt nicht weiter fragte, sondern nur einfach schweigend neben ihm herging. Na ja, eigentlich war er ihr auch keine Erklärung schuldig. Die junge Frau hätte das doch auch einfach überhören und an ihm vorbeigehen können. Seltsam nur, dass er aber auch kein Bedürfnis spürte, sie wegzuschicken. Im Gegenteil. Er konnte es für sich gar nicht benennen, was das war. Aber es tat ihm einfach gut, dass sie jetzt an seiner Seite war.

„Ich kenne das", sagte sie da auf einmal. „Ich kenne diesen Schmerz, der einfach nicht aufzuhören scheint."

Er blickte sie an. Ihre Augen waren geschlossen. Er wusste nicht, wie kurz oder lang die junge Frau nun schon an seiner Seite war, als er ihre Worte hörte: „Er kennt auch diesen Schmerz." Und nach einer längeren Pause fügte sie hinzu: „Er möchte, dass uns dieser Schmerz nicht unser Leben nimmt."

Von wem sprach die junge Frau da? Wer war dieser Er? Und dann sprach sie auf einmal von Weihnachten. Was sagte sie da eben?

„Zu Weihnachten haben die Engel geweint."

Warum – so fragte er sich, sollten die Engel dann geweint haben?

Sie schien seine Gedanken erraten zu haben. „Weil sie wussten, dass dieses Kind in der Krippe am Kreuz sterben würde", hörte er sie jetzt sagen. „Auch für uns beide tat er das, damit wir in unserem Schmerz nicht allein sind."

Er meinte, dass eine Hand seine Hand berührte. Ja, war es nicht sogar ein Arm, der sich um ihn legte? Und hörte er da nicht auch noch die Worte „Stärker als der Tod ist die Liebe"?

Er blickte sich um. Doch da war niemand

mehr. Aber er spürte, dass jetzt etwas unverlierbar in ihm war, das ihm Weihnachten erträglich machen würde. Nein, nicht nur erträglich, sondern mehr als das.

Es würde heilen.

Die Legende vom Strohstern

Die Nacht war bitterkalt. Eng saßen die Hirten beieinander am Feuer. Keiner sagte ein Wort. Aber auf ihren Gesichtern spiegelte sich noch immer das Wundersame wider, das ihnen gerade in der Begegnung mit jenem Kind in der Krippe im Stall vor den Toren Bethlehems widerfahren war. Schließlich brach der Älteste der Hirten das noch immer vom stummen Staunen erfüllte Schweigen.

„Wisst ihr", so begann er, „ich habe schon oft in einer klaren Nacht wie dieser Wache bei den Schafen gehalten. Immer wieder ist dann mein Blick zu den Sternen am Himmel gewandert. Mitten in der Finsternis sind mir die Sterne wie kleine Fenster erschienen, durch die das himmlische Licht sich Bahn bricht. Und jener Stern über dem Stall: Mit ihm leuchtet uns die schönste göttliche Verheißung auf." Der alte Hirte hielt inne, so als ob er etwas in sich Raum geben wollte, was mehr war, als er fassen konnte. Nach einer ganzen Weile, in der die Blicke der anderen Hirten auf ihn gerichtet blieben, fuhr der alte Hirte fort.

„Jenes Kind", er schien immer noch nach Worten zu ringen, die das Unfassbare fassbar zu machen suchten, „jenes Kind in der Krippe ist auch wie ein Stern, durch den sich der Himmel für uns auftut. Ja, mehr noch: Es ist das Licht der Welt, das unser aller Leben hell und heil machen will."

Nach diesen Worten schwiegen sie alle wieder. Jeder von ihnen sann noch jenen Worten des alten Hirten nach, die das Herz eines jeden von ihnen angerührt hatten. Auch der jüngste Hirte machte da keine Ausnahme. Wie in Gedanken verloren nestelte er mit seinen Fingern an einem Strohhalm herum.

„Was machst du denn da?", ließ sich da eine Stimme aus dem Kreis der Hirten vernehmen.

„Ich habe mir ein paar Halme als Erinnerung aus dem Stall mitgenommen", erwiderte darauf der Kleine. „Als wir vorhin an der Krippe waren und die vornehmen Leute aus dem Fernen Osten mit Geschenken kamen, wollte ich dem Jesuskind auch etwas schenken. Aber wir Hirten sind ja so arm. Und als der Großvater eben von den Sternen am Himmel erzählte, habe ich begonnen, aus diesen Halmen einen Stern zu flechten. Den will ich dem Kind schenken."

Die anderen Hirten schauten erst ein wenig verwundert auf den Kleinen. Aber dann konnte man doch hören, wie sich ein zustimmendes Murmeln unter ihnen ausbreitete.

„So lasst uns morgen noch einmal zu dem Stall gehen und dem Jesus-Kind deinen Stern als Geschenk bringen", sagte der alte Hirte.

Und so machten sie sich am Abend des folgenden Tages auf. Dort angekommen, fand es sich, dass der Stall bereits leer war. Traurig blickte der Kleine auf seinen Stern, den er dem Kind in der Krippe hatte schenken wollen. Aber zugleich erfüllten ihn auch wieder die Worte des alten Hirten, seines Großvaters, von dem Jesus-Kind als dem Licht der Welt, das das Leben aller Menschen hell und heil machen will. Und so ging er zur Krippe und sammelte daraus so viel Stroh zusammen, wie er nur tragen konnte. Einige Hirten schüttelten unwillig ihren Kopf.

„Ich glaube, ich weiß, was du vorhast", sagte da der alte Hirte. „Du möchtest gerne, dass wir alle aus diesem Stroh Sterne flechten, so wie du es getan hast." Der kleine Hirte nickte ebenso zustimmend wie begeistert. Und so geschah es dann auch. Dem Vorbild des kleinen Hirten nacheifernd flochten die Hirten aus dem Stroh der leeren Krippe ihre Sterne. Und weil sie diese nicht mehr dem Jesus-Kind zum Geschenk machen konnten, verschenkten sie diese an die Menschen in Bethlehem. So wurden in jener Nacht die ersten Sterne aus Stroh verschenkt zum Zeichen für jenes unauslöschliche Licht des Heils, das für uns alle mit der Geburt des Kindes in der Krippe in diese Welt gekommen ist. Und mit jedem Strohstern, den wir in den Händen halten, möchte ein Abglanz dieses Lichtes in unsere Herzen leuchten und uns froh machen.

S. MARCUS

Du sagst:

Gott
fragt nicht
nach mir

Geh
zur Krippe
im Stall

Dort
findest du
seine Antwort

Auch
dir
gilt
sie

Gott
kam
durch
die
Hintertür
in
diese
Welt.

Schau
einmal
nach!